O que é que o corpo humano tem?

Danielle V. M. Carvalho ditado pelo espírito Santiago

Nossa história começa numa praça de nome Calixto, dentro de um formigueiro, na escola Dulce Formiga. Lá as formiguinhas crianças estavam na aula de ciências, estudando o corpo dos seres humanos. Nessa aula, a professora pediu que as formiguinhas se dividissem em duplas, saíssem do formigueiro e fizessem um trabalho de observação e pesquisa sobre o corpo humano, este trabalho seria muito importante, pois valeria nota 10.

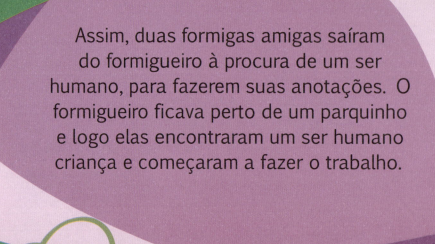

Assim, duas formigas amigas saíram do formigueiro à procura de um ser humano, para fazerem suas anotações. O formigueiro ficava perto de um parquinho e logo elas encontraram um ser humano criança e começaram a fazer o trabalho.

Antes de tudo, preciso lhes apresentar as nossas amigas formigas, Flor e Miga, lindos nomes não acham? São amigas inseparáveis, pois fazem tudo juntas, além de morarem no mesmo formigueiro, Flor e Miga são vizinhas, estudam na mesma sala na escola, fazem as lições e, é claro, brincam muito juntas!

Mas hoje o papo é sério! As duas vão fazer o trabalho sobre o corpo humano e, logo que viram a criança, começaram a anotar tudo: – Miga, eles são muito diferentes de nós, você não acha? – perguntou Flor.
– Muito mesmo, a começar pelo tamanho! Os humanos são gigantescos! Isso porque este é um filhote! – comentou Miga.
– Olha que legal, estou vendo os dois braços dele, que a professora falou na aula.
– Flor, é mesmo, que braços grandes e são bem compridos, né?
– Miga, eles têm dois braços e que engraçado! Nas pontas dos braços, eu não sabia que tinham franjinhas, para que servem?
– Ah ah ah, Flor, não são franjas! São os dedos das mãos! Eles têm braços, mãos e dedos. Todos juntos servem para pegar o que eles querem, para apoiar objetos nas mãos, para segurar!

Usam as mãos para construir casas, escolas, parques... Ajudam os humanos a comer, desenhar, brincar e também para dar um abraço bem apertado. Servem para fazer coisas muito boas e nem tão boas assim. Depende do que se quer fazer com elas, os humanos podem tanto plantar uma flor quanto arrancá-la, depende da intenção. As mãos servem para muitas coisas!
E vocês amiguinhos? O que fazem com as suas mãos? Escrevam ou desenhem aqui o que mais gostam de fazer com elas!

– Miga, que interessante! No final dos
braços também têm franjas!
– Flor! Eu já te falei que são dedos! E aquelas
são as pernas, com elas os humanos andam
pelos caminhos da vida e depois eles têm pés,
que sustentam todo o corpo. O corpo dos humanos
é formado basicamente por cabeça, tronco e
membros. Os braços e pernas são os membros.
– Mas, eu não estou vendo o tronco, o corpo humano
não se parece nem um pouco com árvores! Miga, acho
que você está maluca, maluquinha da silva!
– Você está vendo onde os braços e pernas
estão colados?
Aquele é o tronco! – respondeu Miga.
– E aquela bola em cima do tronco? Perguntou Flor.
– Mais parece um pirulito, só que com braços e
pernas! Por falar em pirulito, estou morrendo de
fome, com muita fome!
Você sabia que pirulito é uma das comidas
preferidas das formigas? Além, é claro, de
verduras também! Você já viu as formigas
carregando folhas nas costas, em fila? Aliás,
vocês sabiam que foram as formigas que
inventaram a fila? Elas são
muito organizadas!

Continuando a nossa história:
– Flor, você é muito engraçada! Aquela bola que parece um pirulito é a cabeça.
– Respondeu Miga achando muita graça de Flor.
– Miga querida, na cabeça, na parte da frente para ser mais exata, tem um monte de coisinhas! Para que servem?
– Ai, ai, ai, Flor, vamos olhar mais de perto? E vai anotando tudo direitinho, viu?
– Estou anotando! O que são aquelas duas jabuticabas? Ainda estou com fome!
– Reclamou Flor.
– Aquelas duas bolinhas são os olhos, com elas os humanos podem enxergar a beleza da natureza, podem ver as cores das flores, o sol, a lua, as estrelas e as formigas.

– Meu Deus, eu morro de medo dos humanos, fico apavorada quando eles me veem.

– Ah, os olhos podem ter outras cores além do preto da jabuticaba, podem ser castanho escuro ou claro como mel, azul como o mar e verde como as folhas.

– O que são aquelas capinhas que cobrem os olhos? Ali sim tem franjinhas né, Miga?

– As capinhas são as pálpebras e as franjinhas são os cílios, os dois servem para proteger os olhos, que são muito sensíveis.

– Miga todos os humanos enxergam do mesmo modo? Perguntou Flor muito curiosa.

– Não, nem todos enxergam tudo, alguns humanos enxergam, mas com dificuldade e usam óculos, que os ajudam a ver tudo bem bonito. Alguns humanos não podem ver, mas enxergam com os olhos do coração.

– Como assim, olhos do coração?

– Geralmente, quem é deficiente visual tem os ouvidos muito aguçados e sua audição é muito melhor do que a das pessoas que enxergam.

Também aprendem a utilizar as mãos como guias, sentem os objetos, enxergam com mãos, aprendem a ler com elas uma língua chamada Braile.

– Que legal né Miga? Eles conseguem sentir as letras!

– São humanos muito espertos, que utilizam outros meios para suprir a visão. Você sabia que eles usam bengalas e até cães para guiá-los nas ruas?

– Que lindo! A natureza e o ser humano de mãos dadas!

Mas Miga você falou de uma coisa que eu não conheço, o que é o ouvido? É o escutador? – Quis saber Flor.

– Flor! Na língua dos humanos chama-se ouvido e na nossa língua escutador.

– O ouvido fica na cabeça também?

– Sim, você está vendo aquelas duas conchinhas de cada lado da cabeça? Elas são as orelhas, elas guardam os ouvidos dentro delas.

– Que demais! As orelhas são como caixinhas de música?

– Isso mesmo, elas guardam dentro delas as melodias do mundo e ajudam os humanos a ouvirem. Às vezes são barulhos irritantes, como buzinas, por exemplo, mas também existem sons agradáveis como a chuva caindo no quintal, a mamãe cantando ou os pássaros brincando.

– Todos os humanos ouvem os sons e os barulhos, Miga? – perguntou Flor.
– Alguns humanos não conseguem ouvir, são chamados de surdos, e precisam da ajuda de um aparelho, que eles inventaram, é colocado nas orelhas e os ajuda ouvir. Os humanos são ótimos inventores, sabia?
– Então, quando uma parte do corpo humano não funciona bem, eles procuram um outro caminho para de outra maneira fazer com que tudo funcione! Concluiu Flor.

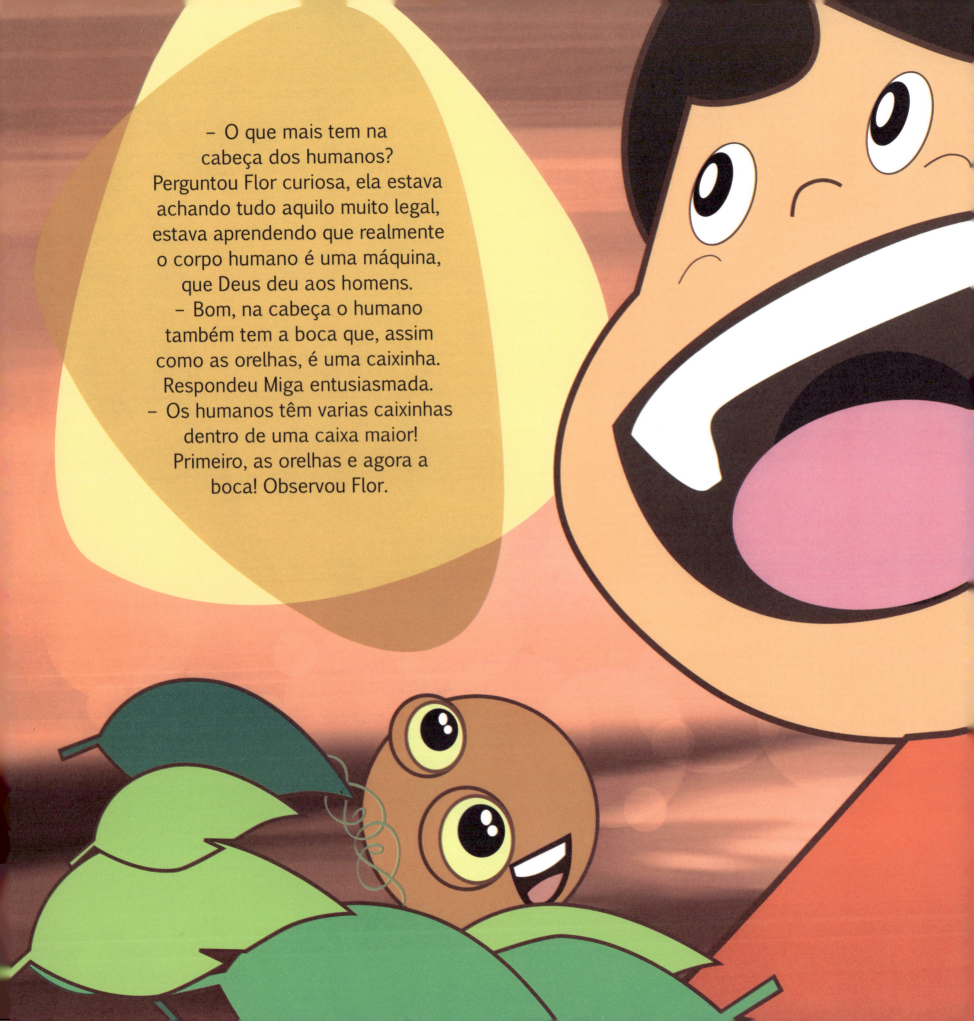

– O que mais tem na cabeça dos humanos? Perguntou Flor curiosa, ela estava achando tudo aquilo muito legal, estava aprendendo que realmente o corpo humano é uma máquina, que Deus deu aos homens.
– Bom, na cabeça o humano também tem a boca que, assim como as orelhas, é uma caixinha. Respondeu Miga entusiasmada.
– Os humanos têm varias caixinhas dentro de uma caixa maior! Primeiro, as orelhas e agora a boca! Observou Flor.

– A boca é um porta-joias, que guarda vários tesouros, inclusive pérolas.
– Tesouro? Pérolas? Mas as pérolas não moram no mar?
– As pérolas das quais estou falando moram na boca mesmo e se chamam dentes! Eles servem para ajudar a mastigar, rasgar e triturar os alimentos. Os dentes são muito especiais e precisam tomar banho três vezes ao dia, para ficarem sempre sadios!

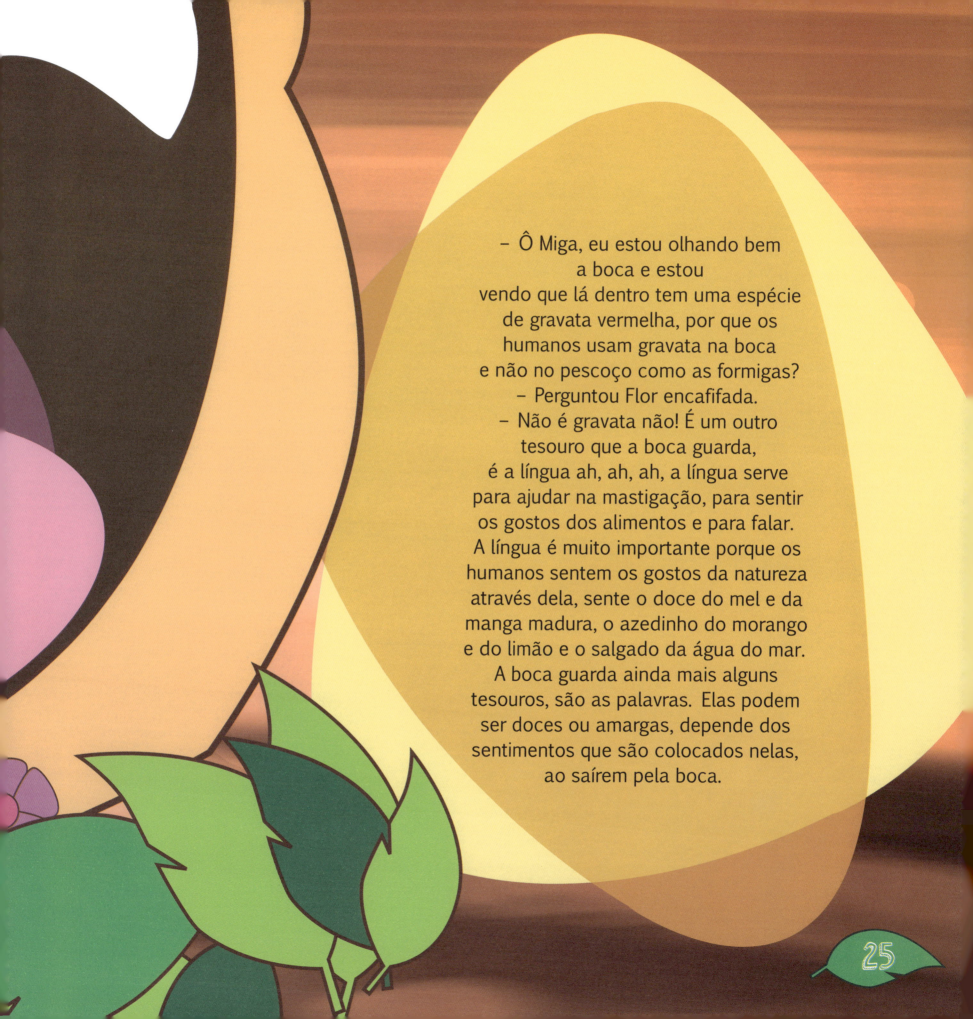

— Ô Miga, eu estou olhando bem a boca e estou vendo que lá dentro tem uma espécie de gravata vermelha, por que os humanos usam gravata na boca e não no pescoço como as formigas?
— Perguntou Flor encafifada.
— Não é gravata não! É um outro tesouro que a boca guarda, é a língua ah, ah, ah, a língua serve para ajudar na mastigação, para sentir os gostos dos alimentos e para falar. A língua é muito importante porque os humanos sentem os gostos da natureza através dela, sente o doce do mel e da manga madura, o azedinho do morango e do limão e o salgado da água do mar. A boca guarda ainda mais alguns tesouros, são as palavras. Elas podem ser doces ou amargas, depende dos sentimentos que são colocados nelas, ao saírem pela boca.

– Quanta coisa a boca guarda! Falou Flor admirada.
– E tem mais! As palavras podem ajudar muito a consolar alguém que está triste e deixá-lo feliz ou pode também machucar outra pessoa, quando saem carregando raiva e desprezo. Por isso, os humanos deveriam pensar bem antes de falar, muitos não pensam e deixam os outros chateados quando soltam palavras carregadas de raiva. Eles estão esquecendo de dizer três palavras muito importantes que sempre estão carregadas de bons sentimentos, que são: EU TE AMO. Amiguinhos, vocês sempre dizem eu te amo para quem vocês amam? Escrevam os nomes das pessoas que vocês amam ou desenhem.

Flor adorou a boca! Achou que mais parecia uma arca do tesouro, com todas aquelas joias guardadas lá dentro e falou:
– Uma vez eu ouvi de uma formiga anciã que nós não devemos nunca magoar alguém e que se não for para falar coisas boas, devemos ficar quietinhas. Devemos pensar bem antes de falar.
– Todos os humanos falam?
– Nem todos conseguem falar direitinho, mas conseguem se comunicar através do olhar e o interessante também Flor é que os surdos (que não ouvem) e os mudos (que não falam), têm uma maneira especial de se comunicar, que é pela linguagem de sinais, eles também se comunicam através das mãos e de gestos!

– Deve ser bonito ver alguém falando com as mãos, imagino que pareça que estão dançando! Comentou Flor.
– Parece mesmo Flor, eles ficam bem atentos enquanto o outro fala com as mãos.
E vocês amiguinhos, o que têm falado para as pessoas que estão à sua volta? Faça um desenho bem bonito para contar o que têm falado!

– Querida Miga, depois de aprender muito sobre a boca, eu quero saber o que é aquela montanha acima da boca, com duas cavernas? Perguntou Flor a Miga.
– Aquele é o nariz! Respondeu Miga, morrendo de rir!
– Nariz? Que nome estranho! Para que serve? Que coisa estranha uma montanha no meio do rosto!
– O nariz, Florzinha querida, serve para abastecer o corpo dos humanos com combustível para que possam sobreviver.
– E as cavernas servem para quê?
– por lá que o combustível entra e sai do corpo humano, por onde eles respiram.

– Qual é o combustível? Gasolina ou Álcool?
– Nenhum dos dois, é o ar, Flor!
– Miga, tenho ouvido falar que o ar no planeta Terra está muito poluído, os humanos respiram ar poluído?
– Infelizmente sim, e nas grandes cidades é pior, mas os humanos estão entendendo que se continuarem a sujar o meio onde vivem e a respirar assim vão ficar muito, muito doentes, então, estão tentando diminuir a poluição que sai das fábricas, caminhões, carros, motos e etc.

– Como vão conseguir isso?
– Deixando os carros na garagem por alguns dias, colocando filtros nas chaminés das fábricas, construindo transportes que não poluam, usando combustíveis que não poluam (como o Biocombustível), andando mais a pé e de bicicleta.
– Miga, então os humanos estão preocupados em preservar o planeta?
– Sim, muitos humanos trabalham muito por isso!
Flor de repente ficou observando a criança e com uma cara desconfiada, Miga muito esperta, percebeu e perguntou:
– Flor o que está acontecendo? Você está com uma cara de ponto de interrogação!
– Estou tentando entender uma coisa, o que é aquilo em cima da cabeça? Lá no topo!
– Ah, tá, agora sim Flor, são os cabelos!
– Eu sabia! Bem que eu desconfiei! Que eu quis perguntar para ter certeza!
– Flor, os cabelos podem ser curtos, compridos e de várias cores diferentes, loiros, castanhos, pretos, brancos e até há quem não os tem, que são os carecas!
– Carecas? Que palavra engraçada! Tem muito humano careca?
– Claro que tem! Muita gente vai perdendo os fios de cabelo no decorrer da vida, isso é normal!

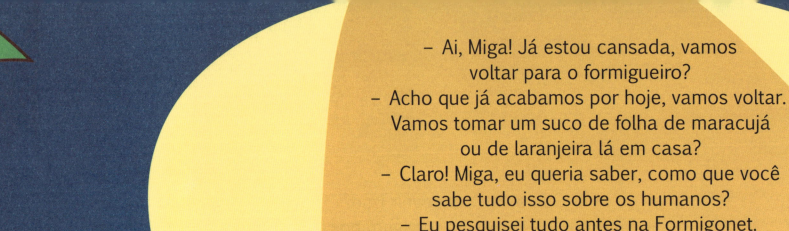

— Ai, Miga! Já estou cansada, vamos voltar para o formigueiro?
— Acho que já acabamos por hoje, vamos voltar. Vamos tomar um suco de folha de maracujá ou de laranjeira lá em casa?
— Claro! Miga, eu queria saber, como que você sabe tudo isso sobre os humanos?
— Eu pesquisei tudo antes na Formigonet. O corpo humano é muito interessante, não é Flor?
— É mesmo, quantas peças ele tem para funcionar bem, não é?
— Deus, que é o Pai de todos nós, fez cada criatura tão perfeita, e é por isso que todos devem cuidar muito bem de seus corpos, grande ou pequeno, humano ou não, cada criatura de Deus foi feita por Ele com muito amor e carinho.
— Hoje, aprendemos um pouquinho sobre o corpo humano por fora, e por dentro, Miga, tem muita coisa também?
— Tem, mas esta é outra lição que a gente só precisa fazer na próxima aula!

Fim

Psicografado por Danielle V. M. Carvalho | Espírito: Santiago